LA RÉVOLUTION

POÈME

Par Constant HILBEY

GENÈVE
IMPRIMERIE CAREY FRÈRES, ÉDITEURS
3, Vieux-Collége, 3

LA RÉVOLUTION

POÈME

Par Constant HILBEY

Deuxième Edition.

GENÈVE
IMPRIMERIE CAREY FRÈRES, VIEUX COLLEGE, 3

LA RÉVOLUTION

CHANT SECOND[1]

Oui, pour tous les Français, oui, le bonheur va luire ;
Rien ne peut l'empêcher, rien ne peut le détruire,
On le dit, on le veut, que font en ces moments
De quelque esprit chagrin les noirs pressentiments ?
L'allégresse circule et remplit le royaume ;
On est doux à la cour, on est gai sous le chaume ;

---

[1] La 1ʳᵉ édit. a paru en Février 1866. Imp. Vancy.

Tout le monde est honnête, il n'est plus de filous;
Les Dames, à l'envi, donnent tous leurs bijoux;
La noblesse, à son tour, augmentant le cortége,
De fouler les humains, renonce au privilége!
On dirait que les cris, que les chants des vainqueurs,
En passant sur la France, ont changé tous les cœurs!
On abolit main-morte, on abolit jurandes,
L'autel de la patrie a regorgé d'offrandes;
Le clergé généreux renonce à son trésor,
Après de pareils traits, qui peut douter encor?
De toutes parts, enfin, l'abondance ruisselle,
Le roi même, le roi, renonce à sa vaisselle,
Et la contagion gagne le dernier rang;
En un mot, c'est à qui se montrera plus grand.
Pourquoi tant de héros qu'on fête et qu'on renomme,
Veulent-ils tout donner, tout, hors les droits de l'homme
Qui rendraient superflus tous ces dons fastueux
Et tous ces *Te Deum* dont rougissent les cieux?
C'est que d'adroits jongleurs cette parade est l'œuvre,
Et ce grand sacrifice une basse manœuvre
Pour leurrer le public et retarder les lois
Qui doivent, de ce peuple, éterniser les droits!

Cependant du clergé, que la noblesse égale,
Les vices, les complots éclatent en scandale!
Cependant la famine assiége la cité,
Grâce au trafic honteux d'un ministre fêté,
Et, malgré le bonheur qu'on promet à la France,
On y voit *la disette au sein de l'abondance;*
Tous les maux à la fois paraissent l'assaillir :
Le travail arrêté, l'État prêt à faillir,
Des ministres chéris, de leurs mains généreuses,
Sont le noble bienfait et les œuvres fameuses.
Ah! qu'est-il devenu, peuple, ton fol espoir?
Les dilapidateurs sont maîtres du pouvoir!
Et Mirabeau le traître, et ton Necker le fourbe,
De tous les courtisans, l'immense et vaine tourbe,
Au lieu d'un libre État veulent un roi puissant,
Afin de dévorer ta substance et ton sang!
A la sagesse enfin le danger te rappelle,
Avec l'égalité, la liberté chancelle.
Quoi! sur tant de héros, tu n'as plus qu'un *ami!* [1]
Oui! de ta folle ivresse, hélas! il a frémi!

---

[1] Des avocats généraux, des ministres, m'ont accusé d'avoir voulu *réhabiliter* Marat. Je tiens à me justifier de cette accusation; je l'avoue sans peine, le premier en France j'ai défendu la mé-

« Gardons-nous d'outrager la vertu, la justice,
« Mais ne soyons pourtant dupes de l'artifice,
« Et, tout prêts à marcher vers un unique but,
« Ne voyons que l'État, n'aimons que son salut!
« De votre vanité, le ministre infidèle
« Connaissant l'étendue, a spéculé sur elle.

« Que le prince à son luxe ait renoncé d'abord,
« C'est pour s'en procurer un plus superbe encor.

moire de Marat, après un demi-siècle d'outrages! Mais si j'ai réfuté des calomnies, les documents authentiques à la main, je n'ai pas eu la prétention de réhabiliter Marat, pour une raison bien simple : c'est qu'on ne *réhabilite* que les *condamnés*; or, Marat était un écrivain, un représentant de la nation, et il n'est pas mort *condamné* : il est mort *assassiné*. Dira-t-on que ces Messieurs ont employé le mot réhabilitation au figuré? Mais si Marat n'est pas mort condamné, il n'est pas mort, non plus, flétri par l'opinion publique; le décret qui va suivre en est une preuve. Le journal *Le Droit* m'a reproché de vouloir *réhabiliter Marat malgré les jugements de l'histoire*. Belle raison si l'histoire ment, et si elle est écrite le plus souvent par des plumes vénales! Des calomnies peuvent-elles imprimer une flétrissure réelle, ou ne flétrissent-elles que leurs auteurs? Et doit-on appliquer le mot réhabilitation à l'innocent calomnié?

Le **25** Novembre 1793, la *Convention nationale*, sur le rapport du Comité d'instruction publique, présenté par *Joseph Chénier*, rendit le décret suivant:

« Que l'Église à l'État donne un or qui la souille,
« C'est lui rendre les biens dont l'erreur le dépouille.

« Qu'un duc verse au trésor vingt mille écus ou mieux,
« C'est un léger tribut des vols de ses aïeux.

« Mais que des indigents, accablés sous l'épreuve,
« S'unissent pour donner le denier de la veuve,
« Qu'ils y soient conviés par l'astuce et l'erreur
« D'un ministre sans frein, d'un Sénat sans pudeur,

« Art. 1er. La Convention nationale, après avoir entendu le
« rapport de son Comité d'instruction publique ; — Considérant
« qu'il n'est point de grand homme sans vertu, décrète que le
« corps d'Honoré-Gabriel-Riquetti Mirabeau sera retiré du Pan-
« théon français.
« Art. 2. Le même jour que le corps de Mirabeau sera retiré
« du Panthéon français, celui de Marat y sera transféré.
« Art. 3. La Convention nationale, le Conseil exécutif provi-
« soire, les Autorités constituées de Paris et les Sociétés popu-
« laires assisteront en corps à cette cérémonie.
« Ce rapport est fréquemment interrompu par les plus vifs ap-
« plaudissements.
« Le projet de décret est adopté à *l'unanimité*. »
(*Moniteur universel*, 27 Novembre 1793.)

On doit avouer qu'il a fallu une impudeur robuste à ceux qui, depuis soixante ans, ont osé faire l'apologie de la fille Corday, et présenter l'assassinat comme un moyen de civilisation.

« Voilà, voilà des traits inconnus dans l'histoire,
« Que la postérité refusera de croire,
« Dignes d'un peuple aveugle et d'un peuple de sourds,
« Et réservés, hélas! aux fastes de nos jours!
« Quoi! c'est pour soudoyer d'ignobles satellites,
« Des femmes de débauche et de vains parasites,
« Que ton dernier lambeau, peuple, tu l'as donné!
« Ah! reprends tes haillons, reprends, infortuné,
« Ce que dans le passé t'arracha leur audace.
« Au rang de l'être humain, revendique ta place;
« A la sienne, remets, remets aussi ton roi
« Et reprends le *veto* qui n'appartient qu'à toi.
« Que le vieux Châtelet se récuse lui-même,
« Ou sur ce tribunal : anathème! anathème!
« Et que tout citoyen par ses pairs soit jugé.
« Vois l'État en travail, le pays ravagé,
« Vois l'atelier désert et l'artisan qui chôme;
« Déjà tu te crois libre et ne tiens qu'un fantôme,
« Plongés dans l'anarchie et dans les jours mauvais,
« Ah! nous sommes plus loin du bonheur que jamais!
« Frémis peuple, frémis, une lèpre nouvelle
« Sur le corps social aujourd'hui se révèle!
« Vois, vois surgir ce flot de petits parvenus,
« Qui vont en équipage et marchaient les pieds nus

« Qui donnent des dîners, des festins et des fêtes,
« Quand l'orage s'étend et gronde sur nos têtes,
« Quand l'ennemi s'agite et nous menace, hélas!
« D'un siècle d'anarchie et de cruels combats,
« Si ton bras vigoureux, toujours fort, toujours ferme,
« N'arrête les dangers et le mal dans leur germe.
« Veux-tu la liberté, veux-tu sauver l'État?
« Purge tes comités et purge le Sénat;
« Mets sur le même rang, sans craindre leur colère,
« Les intrigants royaux, l'intrigant populaire,
« Et que tout mandataire, ou noble ou plébéien,
« Soit révoqué par toi s'il n'est homme de bien.
« Au nom du droit ancien, qu'aucun ordre ne siége,
« Que partout la vertu succède au privilége!
« Dis à tes députés que s'ils sont tes élus,
« C'est pour faire des lois et non pas des saluts,
« Et qu'au lieu d'admirer, de suivre la cabale,
« Ils posent de tes droits la loi fondamentale,
« S'ils ne veulent, bientôt, par mille maux soufferts,
« Nous faire regretter l'esclavage et nos fers. »

Ces paroles, des morts ont réveillé la cendre,
L'autorité s'émeut et ne peut s'y méprendre,

Ce brûlant patriote aime trop la vertu ;
A de pareils forfaits un cachot est bien dû.
Cependant on hésite, on avance, on recule ;
On le mande ; il paraît, et puis on dissimule....
Sur son patriotisme, on lui fait compliment !....
Mais il ne rendra pas le même assurément.
« Messieurs, j'ai contre vous un grand sujet de plainte ;
« Mon temps est précieux, votre ordre est une feinte. »
Quoi ! les *De Vauvilliers et les Boucher d'Argis*,
Et les inquisiteurs, les grands et les petits,
Auraient-ils entendu quelque bruit dans la rue,
Ou quelque vision leur est-elle apparue ?
Qu'ils n'osent l'arrêter, ni briser dans ses mains
Cette plume, instrument funeste à leurs desseins.
Quel bruit se fait entendre ? un immense murmure...
Une orgie... un complot.. non, non, vision pure ;
Une orgie à la cour... un complot chez le roi,
Commis pour protéger tout ce peuple en émoi ;
C'est de ces émeutiers calomnie et démence ;
Non ! la reine a foulé le drapeau de la France.
Marat s'est écrié : « Morts, oh ! morts, levez-vous !
« Il faut écraser l'hydre ou périr sous ses coups ! »
Et, dans le même instant, Danton, que l'on ravale,
En deux coups de tocsin lève la capitale,

On dit que dans l'orgie il se traîne, il s'ébat;
Mais c'est contre l'orgie en ce jour qu'il combat!
On le dit corrompu, mais cet élan sublime
Peut tirer cependant les peuples de l'abîme.
Il doit être innocent; nous devons le bénir,
Celui qui du malheur délivre l'avenir.

Hommes! de votre honneur les fidèles gardiennes,
Apparaissent ici; les grandes citoyennes
Bravant l'horreur des temps et l'horreur du danger,
Ont précédé vos pas pour vaincre et vous venger,
Et partout répandant les plus vives alarmes,
Des soldats consternés ont arraché les armes!
Et par elles bientôt, quand l'État est trahi,
On voit l'arsenal pris, le Sénat envahi.
Les piques à la main, la faim dans les entrailles,
Le peuple a visité le palais de Versailles;
Il en sort triomphant: pour la première fois,
Le peuple a mis le pied dans le palais des rois!

Mais la cour est perfide et le peuple est commode,
Le peuple a triomphé, mais ce n'est qu'une mode;

A l'insurrection le Châtelet survit,
Et puisqu'il est vivant le Châtelet sévit.
Le vaincu se fait juge et le procès va suivre,
Et pour donner le change, ici l'on va poursuivre
D'Orléans, Mirabeau; mais ce n'est en effet
Que Marat, Marat seul que l'on traque en secret:
Il est le vrai moteur.... On est à sa poursuite:
S'il trouve son salut, ce n'est que dans la fuite,
Et s'il trouve un abri, ce n'est qu'un souterrain,
Car sa tête est à prix, et tout appel est vain.
Il est pris! il est mort! sont les bruits qui circulent,
Et pour le déterrer les assassins pullulent;
Malgré les espions, malgré le flot grondant,
De retraite en retraite il erre cependant.
Sa feuille, dans Paris, qu'on crie et qu'on achète,
Fait amasser partout la foule stupéfaite.
Quittant son souterrain pour la clarté des cieux,
Une douce lumière a lui devant ses yeux;
Quel sentiment divin le pénètre et l'entraîne?
On dit qu'en ce moment l'ombre de Diogène,
Se penchant, calme et douce, au bord du souterrain,
Lui dit: *Je te cherchais*, et lui tendit la main.

« Je sors pour un moment de ma nuit souterraine,
« Et je viens dans ton sein, ô nature sereine!
« De tes divins tableaux admirant la grandeur,
« M'enivrer de ta paix, contempler ta splendeur!
« O lumière! ô nature! ô source de délice!
« Des humaines douleurs je vide le calice.
« Etude, liberté, repos, loisirs si doux,
« Amour, plaisirs divins, je vous immole tous,
« Mystérieux attrait, voluptueuse ivresse,
« Tableaux qui m'attirez, songes pleins de tendresse,
« Tant de félicités, je pourrais les goûter......
« Image du bonheur, vous venez me tenter!
« Mais ce bonheur, hélas! est fait pour tous les hommes,
« Et cependant on voit, sur la terre où nous sommes,
« La moitié des humains passer leurs tristes jours
« Sans plaisirs, sans repos, sans bonheur, sans amours.
« Le fort est insolent, le faible est sans défense,
» La nature gémit sous un malheur immense!
« Laissez-moi, vains regrets et désirs superflus,
« PEUPLE, TU SERAS LIBRE OU JE NE SERAI PLUS!

« Oui, Peuple, je respire et rentre dans l'arène,
« Au mépris des décrets, des poignards, de la haine;

« Soucieux de vos droits et de votre bonheur,
« Je reparais pour vous dans le champ de l'honneur.
« Que sont-ils devenus, vos défenseurs *fidèles*,
« Et tous ces inventeurs d'offrandes solennelles?
« Libres, aucun pour vous, n'élève plus la voix :
« Du fond d'un souterrain, j'ai défendu vos droits. »

De l'avoir décrété, le Châtelet s'excuse :
Il ne sait pas comment?... on le trompe... on l'abuse,
Et la ville à son tour ne tarit en douceurs :
On lui rend la justice et presque des honneurs !
Mais que lui veut, ici, cette femme en désordre,
Une religieuse en habits de son ordre ?

« Oh ! cher ami du peuple ! Oh ! je suis à genoux !
« Et tous les opprimés sont égaux devant vous !
« — Relevez-vous, ma sœur; quel sujet vous amène ?
« — Les mauvais traitements, la vengeance, la haine !
« Je me suis, du couvent, enfuie au point du jour,
« En meurtrissant mes chairs, en passant par le tour,
« Dans cet espace étroit, surprise, embarrassée,
« Un homme généreux, morte, m'a ramassée.
« — Quels mauvais traitements ? — Les injures, les coups !
« — Mais vous paraissez bonne, et d'où vient que sur vous ?..

« —Ces dames, je le crois, sont jalouses entr'elles,
« Et je défendais l'une[1]. — Oh! pures bagatelles!
« Je sais ce que le cœur contracte de mauvais
« Dans l'asile éternel des pleurs et des regrets,
« Pourtant je ne crois pas qu'à cet excès encore.....
« Il est d'autres raisons. — Franchement je l'ignore.
« Parlez-vous politique? — Oh! même très-souvent,
« Bien qu'il soit défendu d'en parler au couvent.
« — Mais ces dames et vous, vous n'avez pas querelles?
« — Oh! jamais! Seulement je dispute avec elles.
« Le jour de la *Bastille* : elles[2] nommaient *des chiens*,
« *Des pouilleux* les vainqueurs, ces braves citoyens!
« Morts à la liberté, mais qui voulaient renaître.
« Eh! pourquoi donc des chiens? ils vous valent peut-être!
« Taisez-vous, insolente! Et vous, ne dites pas...
« Enfin, chaque sujet ranimait nos débats;
« Dans la rue un tambour, le tintement des heures,
« Ramenait la discorde en nos saintes demeures,
« Et même de drapeaux les bénédictions...
« Oui, plus on bénissait et plus nous disputions.

---

[1] Mme de Virieu.
[2] Mmes de Cherie, de Creveton et de Betisi.

« — Puisque vous l'ignorez, moi je vais vous le dire :
« C'est de la liberté que vous fûtes martyre !
« Remettez-vous, ma sœur, et ne redoutez rien,
« Vous êtes mon enfant, je suis votre soutien.
« Et pour celles, ma sœur, qui comme vous gémissent,
« Il est temps que leurs pleurs et que leurs maux finissent.
« La liberté vivra ! les couvents tomberont !
« D'autres choses encore, et d'autres qui suivront. »

FIN DU CHANT SECOND.

www.ingramcontent.com/pod-product-compliance
Lightning Source LLC
Chambersburg PA
CBHW071450060426
42450CB00009BA/2374